Carnet de chercheur
Expériences et observations

Ce carnet appartient à :

....

Classe de ....

Année : ....

HACHETTE
Éducation

Sommaire

Avant-propos

Ce carnet de chercheur t'appartient. Pour chaque leçon étudiée en classe avec le manuel, ce carnet te présente des situations de découvertes scientifiques. C'est toi le chercheur et le découvreur ! Grâce à de nombreux exercices et à des expériences à réaliser, il t'apprend à découvrir ce que sont les sciences. Tu vas observer des phénomènes, les analyser en te posant des questions et formuler des hypothèses. Tu pourras ainsi mieux comprendre le monde qui t'entoure. Tu vas aussi dessiner, schématiser, rédiger le compte rendu des expériences et des observations que tu fais. Applique-toi pour compléter ton carnet afin de t'aider à te souvenir de tes découvertes scientifiques de CM1.

Sous la direction de

Jack GUICHARD
Professeur des Universités, IUFM de Paris

Lucien DAVID
Inspecteur de l'Éducation nationale

Marie-Christine DECOURCHELLE
Inspectrice de l'Éducation nationale

Françoise GUICHARD
Professeur à l'IUFM de Versailles

Maryse LEMAIRE
Conseillère pédagogique

ISBN 2.01.116417.6

1 Comment se repérer ?

J'identifie l'Étoile polaire

1. Par une nuit sans nuages, **suis** les instructions suivantes pour trouver l'Étoile polaire dans le ciel.

a) Tu dois d'abord trouver la constellation de la Grande Ourse (ou Grand Chariot) : c'est facile, elle a la forme d'une casserole !

b) **Aide**-toi du schéma ci-dessous pour trouver les deux étoiles appelées « Gardes ». Elles forment un côté de la « casserole ».

c) **Trace** vers la droite la ligne imaginaire qui passe par les deux « Gardes ». **Reporte** quatre fois la distance entre les deux « Gardes » le long de la ligne. Ça y est, tu as trouvé l'Étoile polaire !
L'Étoile polaire appartient à la constellation de la Petite Ourse (ou Petit Chariot).

L'Étoile polaire et les constellations

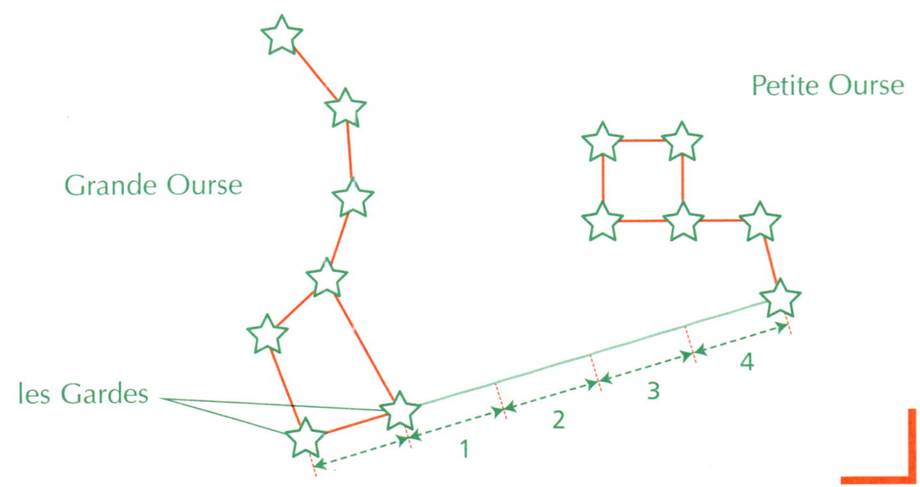

Je dessine une rose des vents

2. La rose des vents est la figure en forme d'étoile qui sert à s'orienter sur une carte. **Suis** les instructions suivantes pour dessiner une rose des vents.

a) Relie à la règle les points suivants :
– le point **A** aux points **1** et **2** ;
– le point **B** aux points **1** et **3** ;
– le point **C** aux points **3** et **4** ;
– le point **D** aux points **2** et **4** ;
– le point **E** aux points **5** et **6** ;
– le point **F** aux points **6** et **7** ;
– le point **G** aux points **7** et **8** ;
– le point **H** aux points **5** et **8**.

b) Les grandes pointes indiquent les 4 points cardinaux : Nord, Sud, Est et Ouest.
Indique-les sur la rose des vents.

c) Les petites pointes indiquent les directions intermédiaires : NE (Nord-Est), SE (Sud-Est), NO (Nord-Ouest) et SO (Sud-Ouest).
Indique-les sur la rose des vents.

d) Colorie ta rose des vents.

La rose des vents

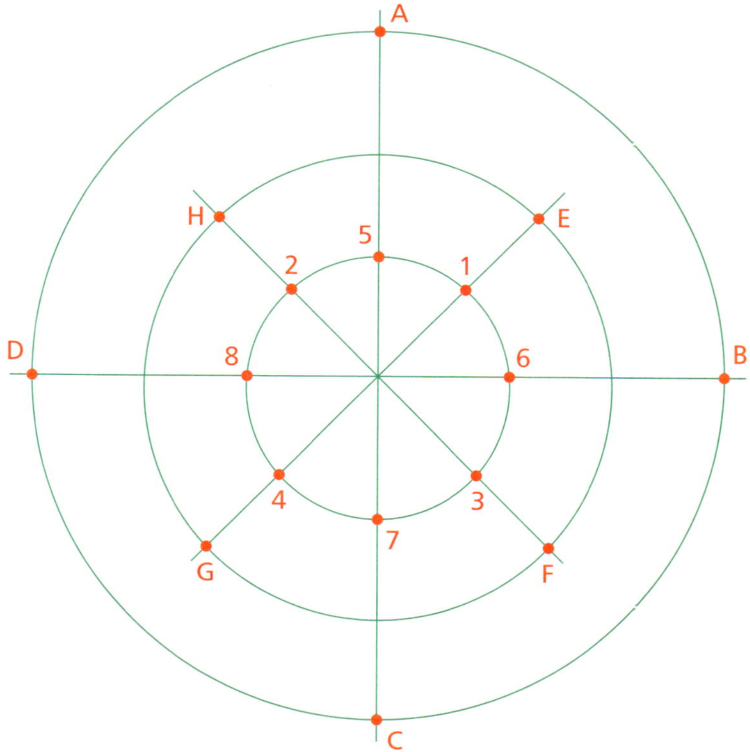

2 Comment fonctionne une boussole ?

Manuel pp. 10-11

Je construis et j'expérimente

1. Imagine et **construis** une boussole flottante.

Ton matériel :

– un clou en acier ;
– un aimant ;
– du ruban adhésif ;
– un flotteur (bouchon, couvercle, morceau de polystyrène…) ;
– de l'eau ;
– un récipient assez large pour poser le flotteur.

a) Frotte le clou contre l'aimant.

b) Fixe le clou sur le flotteur à l'aide du ruban adhésif.

c) Place le flotteur sur l'eau et **laisse**-le s'immobiliser au centre de ton récipient.

d) Vérifie avec ta boussole la direction indiquée par le clou.

2. Dessine ton dispositif dans le cadre ci-contre.

Titre : ....

J'écris un compte rendu d'expérience

3. Écris le compte rendu de ton expérience.

....

....

....

....

....

....

....

....

....

....

....

Je recherche

4. Recherche dans le dictionnaire le sens de l'expression « Perdre le Nord ».

....

....

....

3 Comment expliquer la succession des saisons ?

Manuel pp. 72-73

Je construis un graphique

1. Choisis dans ton calendrier 2 jours par mois pendant 12 mois (le 14 et le 28 de chaque mois).

a) Note chaque jour sur le graphique ci-dessous l'heure du lever et du coucher du Soleil. Tu peux utiliser le tableau de ton manuel page 12 ou le calendrier de La Poste.

b) Colorie en jaune la durée du jour.

c) Que remarques-tu ?

....

....

....

....

....

....

....

....

....

....

....

....

Titre : ....

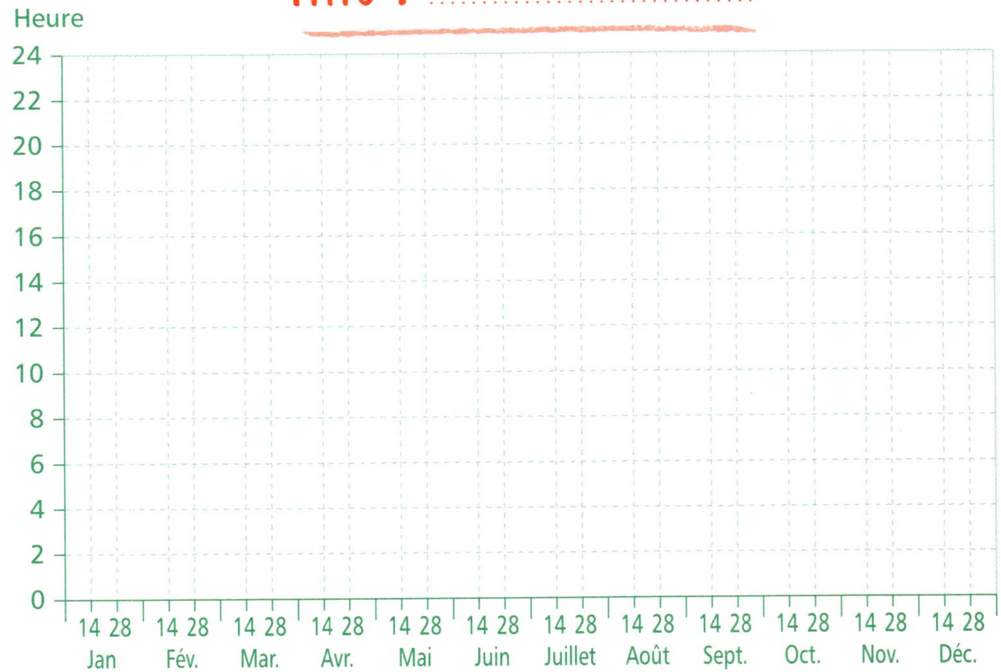

Je fais une recherche documentaire

2. Recherche des informations dans ton manuel ou une encyclopédie pour répondre à ces questions.

a) Quelle est la journée la plus longue de l'année dans l'hémisphère Nord ?

....

....

b) Quelle est la journée la plus longue de l'année dans l'hémisphère Sud ?

....

....

c) Quelle est la journée la plus courte de l'année dans l'hémisphère Nord ?

....

....

d) Quelle est la journée la plus courte de l'année dans l'hémisphère Sud ?

....

....

e) Quels sont les jours de l'année où la durée du jour est égale à la durée de la nuit ?

....

....

f) Pourquoi les écoliers des DOM-TOM de l'hémisphère Sud ont-ils leurs grandes vacances durant notre hiver ?

....

....

4 D'où vient l'œuf ?

J'observe et je classe

1. Ces dessins représentent les étapes de la procréation, de l'accouplement à la naissance du poussin.

a) Numérote chaque dessin pour les classer dans l'ordre chronologique.

b) Donne un titre à chaque étape.

Titre : ....
....
....
....
....

Titre : ....
....
....
....
....

Titre : ....
....
....
....
....

Titre : ....
....
....
....
....

J'émets des hypothèses

2. La poule a pondu un œuf. Elle le couve, mais il n'éclôt jamais. Pourquoi ?
Tu peux proposer plusieurs explications. **Lance** un débat dans la classe pour vérifier tes propositions.

....

....

....

3. La poule a pondu trois œufs. Elle les couve, mais seulement deux œufs donnent naissance à un poussin. Pourquoi ?
Tu peux proposer plusieurs explications. **Lance** un débat dans la classe pour vérifier tes propositions.

....

....

....

Je complète un texte

4. Complète le texte pour expliquer comment un coq et une poule peuvent donner naissance à un poussin.
Utilise les mots de vocabulaire suivants :
accouplement – éclosion – procréation – féconder – ovipares – couve – poussin – spermatozoïde – embryon – ovule – œuf.

Pour donner naissance à un poussin, il doit y avoir .... entre un coq et une poule.

Lors de la ...., un .... (cellule mâle) doit ....

un .... (cellule femelle). Leur rencontre donne un ....

La poule .... l'œuf pour fournir la chaleur nécessaire au développement de l'.................... du poussin.

21 jours plus tard, le .... sort de l'œuf : c'est l' ....

Le petit sort directement de l'œuf : les oiseaux sont des ....

ZOOM SUR…

Que se passe-t-il dans l'œuf ?

J'observe et je classe

1. Fais la liste des transformations visibles de l'œuf fécondé jusqu'à la naissance du poussin.

a) Numérote les dessins de la double page pour les classer dans l'ordre chronologique.

b) Donne un titre à chaque dessin. **Essaie** de dater chaque étape du développement de l'embryon.

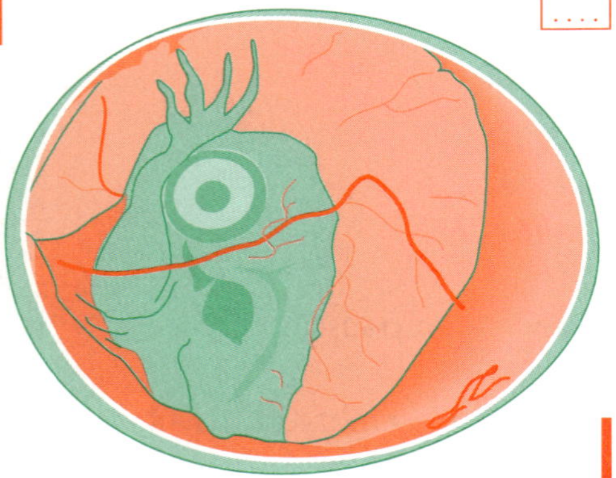

....

Titre : ....

....

....

....

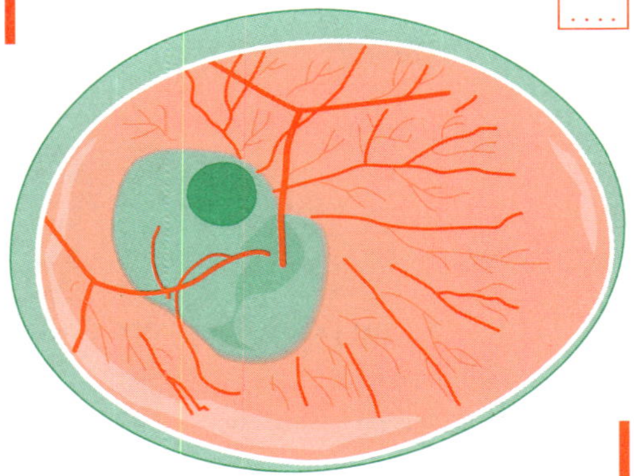

....

Titre : ....

....

....

....

....

Titre : ....

....

....

....

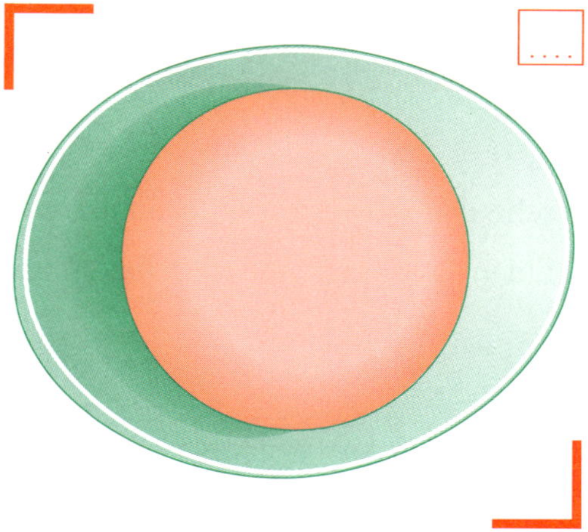

Titre : ....

....

....

....

Titre : ....

....

....

....

J'écris

2. Écris un texte pour décrire ce qui se passe dans l'œuf au cours de chaque étape. Tu peux t'aider de ton manuel pages 32-33.

....

....

....

....

5 Comment les mammifères font-ils des petits ?

Manuel pp. 34-35

Je recherche

1. Fais une recherche documentaire sur les mammifères.

a) Écris la carte d'identité du cheval et du chat en complétant le tableau.

Nom du mâle	Nom de la femelle	Nom des petits	Durée de la gestation	Taille à la naissance	Taille à la fin de la croissance
Cheval	....	....	....	....	....
Chat	....	....	....	....	....

b) Écris la carte d'identité de quatre mammifères de ton choix : noms du mâle, de la femelle, des petits, durée de la gestation, taille à la naissance, taille à la fin de la croissance. **Complète** le tableau.

Nom du mâle	Nom de la femelle	Nom des petits	Durée de la gestation	Taille à la naissance	Taille à la fin de la croissance
....	....	....	....	....	....
....	....	....	....	....	....
....	....	....	....	....	....
....	....	....	....	....	....

Ovipare ou vivipare ?

Je recherche et je classe

2. Écris la définition des mots suivants.

– Ovipare : ....

– Vivipare : ....

3. Fais une recherche documentaire pour classer les animaux de cette double page.

a) Entoure en rouge ceux qui sont ovipares.

b) Entoure en bleu ceux qui sont vivipares.

c) Complète la phrase sous chaque dessin.

Le chat est ....

La poule est ....

Le cheval est ....

La truite est ....

La coccinelle est ....

Le pigeon est ....

Le papillon est ....

La grenouille est ....

6 Que faut-il pour que les graines germent ?

Manuel pp. 36-37

J'observe

1. Thomas met en place un dispositif avec deux expériences pour comprendre les conditions de germination des plantes. Voici son compte rendu d'expérience.

J'ai semé des graines de lentille dans des pots identiques.

Expérience A

J'ai placé un pot dehors (à 10 °C).
Je ne l'ai pas arrosé.

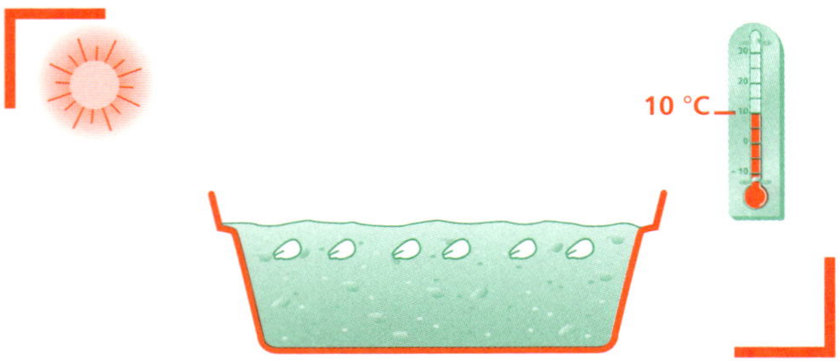

Une semaine plus tard, rien n'a germé.

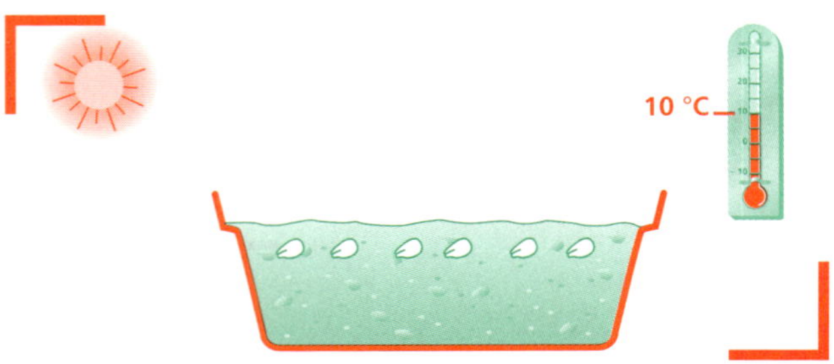

Expérience B

J'ai placé l'autre pot dans la classe près du radiateur (20 °C).
Je l'ai arrosé chaque matin.

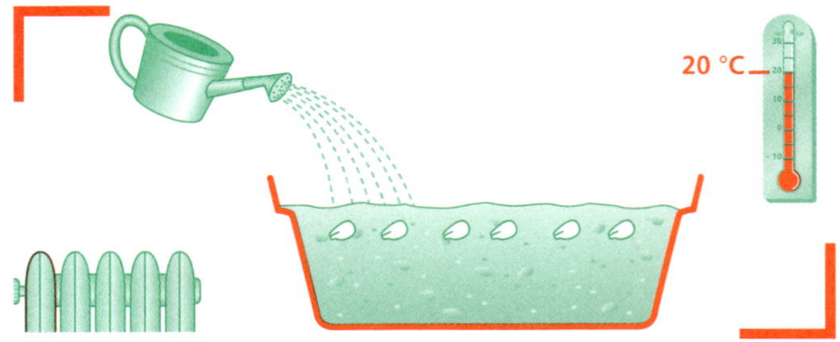

Une semaine plus tard, les lentilles mesurent 5 cm.

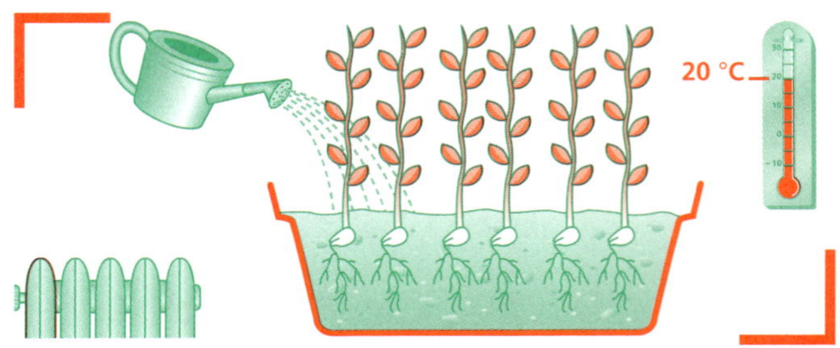

Je réfléchis

2. À ton avis, quelle hypothèse veut tester Thomas ?

....

3. Une expérience scientifique ne doit faire varier qu'un seul critère. Combien de critères Thomas fait-il varier dans son dispositif expérimental ?

....

....

Titre : ....

4. Ahmed prétend que Thomas ne peut rien conclure de son expérience. Pourquoi ?

....

....

....

....

5. Qu'aurait dû faire Thomas pour tester son hypothèse ?

....

....

....

6. Dessine le dispositif expérimental que Thomas aurait dû mettre en place.

J'expérimente

7. Prends 20 graines de lentille, des pots en plastique et de la terre.
Choisis et **coche** une des trois hypothèses suivantes.

☐ Les graines ont besoin de lumière pour germer.
☐ Les graines ont besoin d'eau pour germer.
☐ Les graines ont besoin de terre pour germer.

Je décris mon expérience

8. Mets en place l'expérience pour tester ton hypothèse.

a) Ton matériel :

....

....

....

....

....

b) Le dispositif de ton expérience :

....

....

....

....

....

9. **Dessine** ton dispositif.

Titre : ....

J'écris un compte rendu d'expérience

10. **Écris** ton compte rendu d'expérience.

....

....

....

....

....

....

ZOOM SUR…

D'où vient la graine de petit pois ?

Manuel pp. 38-39

J'observe

1. Sème dans de la terre, à la lumière et à la chaleur, des graines de petit pois ou les pépins d'autres fruits (orange, tomate).

2. Arrose une fois par jour et **attends** la germination.

Je décris

3. Dessine et **décris** le moment où les graines germent.

Titre : ....

....

....

4. Dessine et **décris** les plantes deux semaines après la germination.

Titre : ....

....

....

5. Dessine et **décris** les plantes un mois après leur germination.
Légende les éléments de la plante qui sont apparus (la tige, les feuilles, etc.).

Titre : ....

....

....

6. Dessine et **décris** les plantes deux mois après leur germination.
Légende les éléments de la plante.

Titre : ....

....

....

7 Dans quelles conditions les plantes grandissent-elles ?

J'expérimente

1. Prends les pots avec les jeunes pousses germées de la leçon précédente.
Choisis une condition nécessaire à la croissance d'une plante et **mets en place** l'expérience pour la tester.

a) De quoi la plante a-t-elle besoin pour pousser ?
Ton hypothèse :

....

....

....

....

2. Quelle condition de croissance des plantes vas-tu tester ? **Décris** le dispositif expérimental que tu vas mettre en place pour tester cette condition de croissance des plantes. **Décris** aussi « l'expérience témoin » qui réunit toutes les conditions nécessaires, sauf celle indiquée dans ton hypothèse. L'expérience témoin va te permettre de comparer l'influence de telle ou telle condition sur la croissance des plantes.

a) Ton dispositif expérimental : ....

....

....

b) Ton expérience témoin : ....

....

....

3. **Complète** le tableau et **dessine** ton dispositif tout au long de l'expérience. **N'oublie pas** l'expérience témoin.

Début de l'expérience le .... (date)		
	Ton expérience	**L'expérience témoin**
Nombre de graines germées	....	....
Conditions (température, lumière, sol…)	....	....
Longueur de la tige	....	....
Dessin de la plante (couleur, feuilles…)		

4. Note tes observations après une semaine d'expérience.

Tableau de résultats le .... (date)		
	Ton expérience	L'expérience témoin
Nombre de graines germées	....	....
Conditions (température, lumière, sol...)	....	....
Longueur de la tige	....	....
Dessin de la plante (couleur, feuilles...)		

5. Note tes observations après deux semaines d'expérience.

Tableau de résultats le .... (date)		
	Ton expérience	**L'expérience témoin**
Conditions (température, lumière, sol…)	....	....
Longueur de la tige	....	....
Dessin de la plante (couleur, feuilles…)		

6. Note tes observations après trois semaines d'expérience.

Tableau de résultats le .... (date)		
	Ton expérience	**L'expérience témoin**
Conditions (température, lumière, sol…)	....	....
Longueur de la tige	....	....
Dessin de la plante (couleur, feuilles…)		

7. Note tes observations après un mois d'expérience.

Tableau de résultats le .... (date)		
	Ton expérience	L'expérience témoin
Conditions (température, lumière, sol…)	....	....
Longueur de la tige	....	....
Dessin de la plante (couleur, feuilles…)		

J'écris une conclusion

8. Écris un texte pour répondre à la question : « De quoi la plante a-t-elle besoin pour pousser ? ».

....

....

....

8 Comment les animaux résistent au froid ?

Manuel pp. 56-57

J'expérimente

La laine est-elle chaude ? **Réalise** une de ces expériences pour vérifier tes hypothèses.

1. Des élèves émettent l'hypothèse : « La laine réchauffe ». Un groupe propose l'expérience suivante.

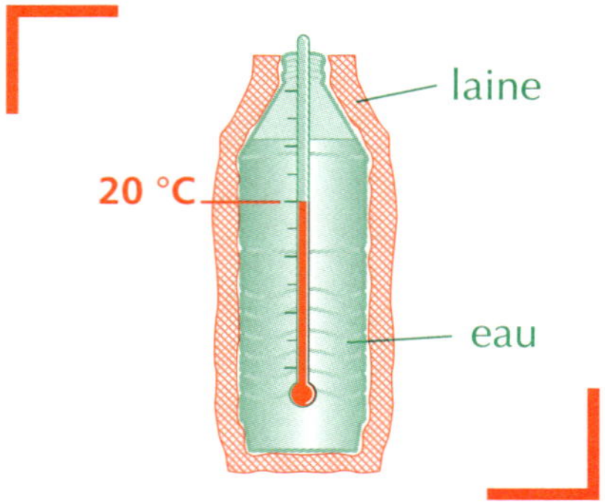

début de l'expérience

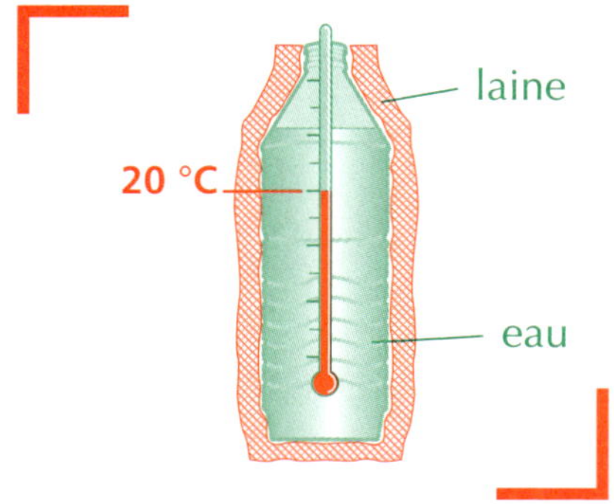

2 heures plus tard

2. Décris le dispositif expérimental.

....

....

....

3. Que peux-tu conclure de cette expérience ?

....

....

J'expérimente

4. Un autre groupe propose l'expérience suivante. **Observe**-la et **explique** ce que tu peux en conclure.

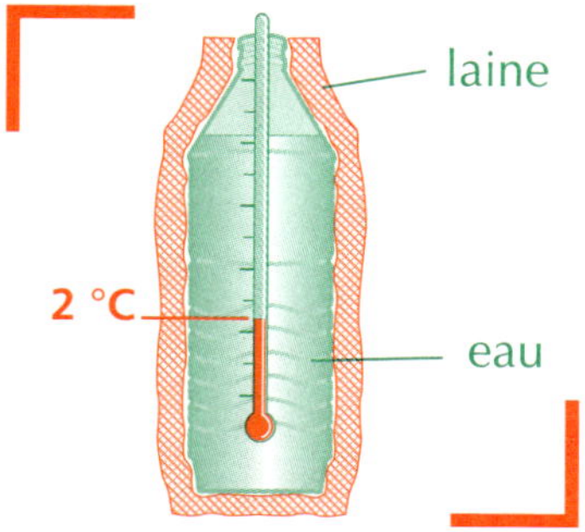

début de l'expérience

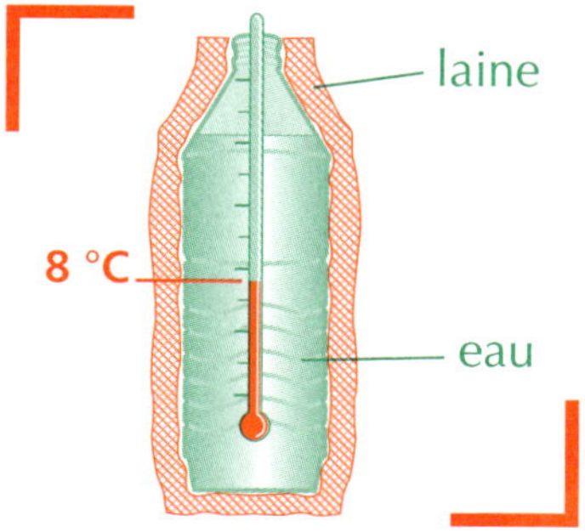

2 heures plus tard

5. Dans le même temps, le maître a mis en place une troisième expérience dans la classe.
Que peux-tu conclure de l'expérience du maître ?

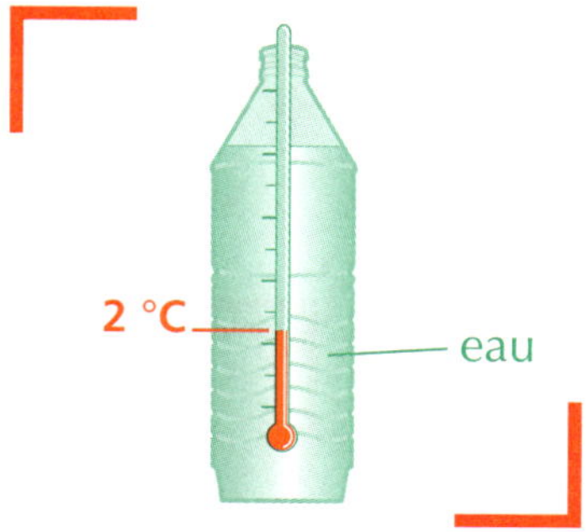

début de l'expérience

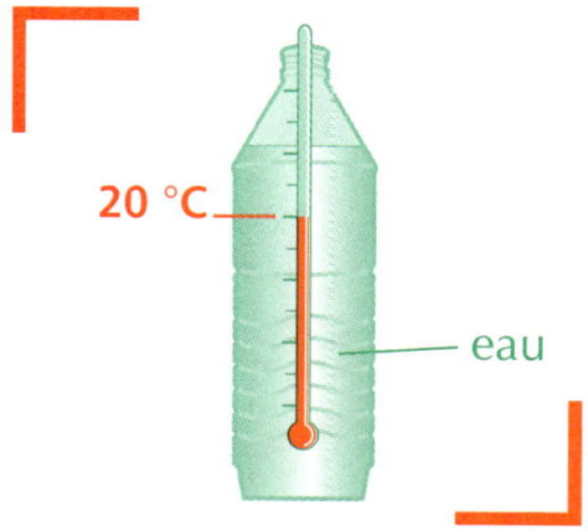

2 heures plus tard

J'écris un compte rendu d'expérience

6. **Écris** tes conclusions pour répondre à la question : « La laine réchauffe-t-elle ? ».

9 Qui chasse qui ?

J'observe

1. Regarde les animaux dessinés et **écris** sous chacun d'eux s'il est une proie ou un prédateur.
Relie-les deux par deux par une flèche signifiant « est mangé par ».

....

....

....

....

....

....

Je recherche

2. Recherche une proie ou un prédateur pour chaque animal et **complète** le tableau. La flèche signifie « est mangé par ».

Proie →	**Prédateur**
Moule	....
....	Requin
Papillon	....
....	Aigle
Gazelle	....
....	Fourmilier
Poule	....
....	Loup

ZOOM SUR… Le milieu marin

Je recherche des informations

1. Recherche des animaux marins différents de ceux dessinés pages 60-61 de ton manuel.

2. Fais une recherche documentaire (dans un dictionnaire, une encyclopédie ou sur Internet) pour savoir de quoi se nourrit chaque animal. **Remplis** le tableau ci-dessous avec les informations que tu auras trouvées.

L'animal	Sa nourriture
....	....
....	....
....	....
....	....
....	....
....	....
....	....
....	....
....	....

Je lis un dessin

3. Observe cette coupe des fonds marins, du rivage à la haute mer. Tu peux t'aider de ton manuel pages 60-61.
À ton avis, jusqu'où monte la mer à marée haute ?
Trace le niveau de la marée haute sur le dessin.

Titre : ....

a) Quelle espèce d'algue est toujours dans l'eau ? ....

b) Quelle espèce d'algue est découverte à marée basse ? ....

c) Quels animaux sont hors de l'eau à marée basse ? ....

10 Tous responsables ?

Je crée une affiche

1. Réalise avec tes camarades une affiche pour sensibiliser les autres classes à la protection de l'environnement.

a) Choisis un thème qui te tient à cœur : ne pas jeter de sacs plastiques dans la nature, trier ses ordures…

....

....

b) Écris un texte sur le thème choisi.

....

....

....

....

c) Pourquoi as-tu choisi ce thème ?

....

....

....

d) Écris un slogan.

....

....

2. Dessine ton projet d'affiche avant de la réaliser en grand format.

Titre : ....

ZOOM SUR…

Un estuaire pollué ou préservé

Je recherche et je classe

1. Observe les deux illustrations de ton manuel pages 64-65. À chaque action polluante du Doc. 1, **associe** l'action qui évite cette pollution (Doc. 2).

2. Remplis le tableau ci-dessous avec les informations que tu auras récoltées.

Actions polluantes	Solutions contre la pollution
Répandre des pesticides sur une culture	....
Cultiver les champs jusqu'au bord d'une rivière	....
Laisser se répandre le lisier de porcs dans la terre	....
Nettoyer une voiture au bord de la rivière	....
Des égouts qui coulent directement dans la rivière	....
Un bateau qui dégaze en mer	....
Jeter des poubelles par-dessus bord en bateau	....
Laisser ses détritus dans la nature	....

Je crée une affiche

3. Choisis une action polluante. **Imagine** une affiche pour combattre cette pollution.

a) **Choisis** le thème : ....

b) **Écris** un slogan : ....

4. Dessine ton projet d'affiche avant de la réaliser en grand format.

Titre : ....

11 Où va l'eau de pluie ?

J'observe

1. Observe ce dessin.

2. Explique ce qui se passe dans ce village.

....

....

J'enquête

3. Recherche à la BCD ou sur Internet des documents écrits ou photographiques sur les inondations et leurs causes possibles (pluies torrentielles, rôle du sol, de la végétation…).

a) Présente quelques-uns de ces documents sur un panneau d'affichage pour la classe.

b) Donne un titre à chaque document. **Légende** chacun d'eux.

4. Fais la liste des documents que tu as choisis pour ton panneau d'affichage. **Complète** le tableau ci-dessous avec les informations.

	Titre du document	Légende
Document 1	....	....
Document 2	....	....
Document 3	....	....
Document 4	....	....

Le cycle naturel de l'eau

Manuel pp. 70-71

J'observe et je critique des schémas

1. En t'aidant des pages 70-71 de ton manuel, **écris** ce qui te semble faux ou **complète** ces schémas du cycle naturel de l'eau réalisés par d'autres élèves.

Le cycle naturel de l'eau

Schéma de Ludivine

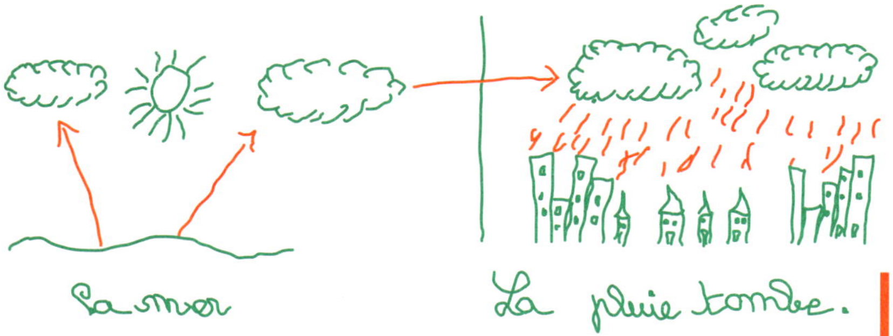

Le cycle naturel de l'eau

Schéma de Farid

12 Que devient la pomme que je mange ?

Manuel pp. 80-81

J'enquête

1. Enquête pour répondre à ces questions.

a) À quoi sert l'épiglotte ?

b) Que se passe-t-il quand on avale de travers ?

c) Quel geste faut-il faire pour aider quelqu'un qui s'étouffe ? Tu peux interroger le médecin scolaire ou l'infirmière.

Je complète un schéma

2. Mets un titre et **légende** le schéma de l'appareil digestif.
Aide-toi de ton manuel page 81.
Utilise les termes suivants :
- bouche ;
- œsophage ;
- estomac ;
- intestin grêle ;
- gros intestin ;
- anus ;
- vaisseaux sanguins.

Titre : ....

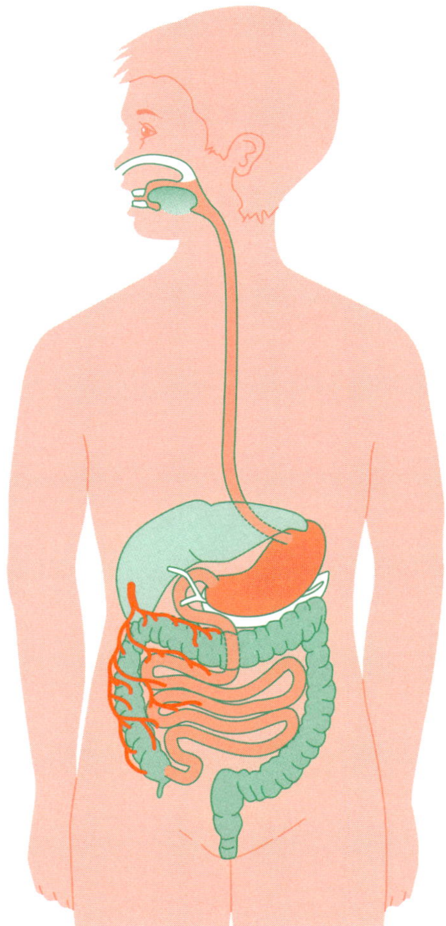

13 Pourquoi le corps a-t-il besoin d'eau ?

Manuel pp. 82-83

Je recherche et j'explique

1. Explique pourquoi tu dois boire davantage quand tu as de la fièvre, lorsque tu as très chaud et lorsque tu fais du sport.

Je teste mes connaissances

2. Pour chaque affirmation, **coche** la proposition qui te semble correcte.
Lance un débat dans la classe pour vérifier tes réponses.

Pour bien t'hydrater :
- ☐ tu attends d'avoir très soif pour boire.
- ☐ tu bois beaucoup d'eau glacée.
- ☐ tu bois régulièrement par petites quantités de l'eau à température ambiante.

Après l'effort :
- ☐ tu te dis que la soif passera.
- ☐ tu bois des petites quantités d'eau en plusieurs fois.
- ☐ tu bois en une seule fois juste après l'exercice.

Le sport te fait transpirer :
- ☐ tu décides de ne plus faire de sport.
- ☐ tu enfiles ton survêtement pour que ça ne se voie pas.
- ☐ tu te douches et tu changes de vêtements.

Quand tu fais de la natation :
- ☐ tu te dis que c'est inutile de boire.
- ☐ tu bois la tasse.
- ☐ tu t'arrêtes régulièrement pour boire.

Les fruits et les légumes :
- ☐ sont des aliments riches en eau.
- ☐ sont des aliments riches en graisse.
- ☐ sont des aliments riches en sel.

Si ton corps manque d'eau :
- ☐ tu risques la déshydratation.
- ☐ tu ne risques rien.
- ☐ tu auras de meilleurs résultats sportifs.

Au cours d'une balade à pied ou en VTT au soleil :
- ☐ tu penses à t'arroser les genoux.
- ☐ tu penses à t'arroser la nuque.
- ☐ tu penses à t'arroser les yeux.

Chaque jour, ton corps élimine :
- ☐ 2,5 litres d'eau.
- ☐ 5 litres d'eau.
- ☐ 1 litre d'eau.

14 Comment manger équilibré ?

Manuel pp. 84-85

Je lis et je complète

1. Complète le menu de chaque repas de midi pour qu'il soit le plus équilibré possible.

	Lundi	Mardi	Jeudi	Vendredi
Hors-d'œuvre	Salade de tomates	....	Pamplemousse rose	Saucisson
Plat principal	Beignets de poisson	Rôti de veau	....	....
Garniture	Riz	Haricots verts	....	Gratin de courgettes
Fromage	Camembert	....	Yaourt nature	Petit-suisse
Dessert	....	Gâteau au chocolat	Ananas frais	Crème dessert vanille

J'écris un menu

2. Écris ton menu idéal.

– Hors-d'œuvre : ....

– Plat principal : ....

– Garniture : ....

– Fromage : ....

– Dessert : ....

3. Ton menu idéal comporte-t-il tous les éléments d'un repas équilibré ?
Explique pourquoi.

....

....

....

....

4. Que pourrais-tu modifier (ou ajouter) pour le rendre équilibré ?

....

....

....

....

....

ZOOM SUR...

La classification des aliments

Manuel pp. 86-87

Je classe

1. Coche les cases du tableau qui te semblent justes. Tu peux t'aider de la pyramide des aliments de ton manuel page 86. Attention ! il faut parfois cocher plusieurs cases !

Aliments	Féculents (sucres lents)	Protéines	Sucres rapides	Calcium	Lipides	Vitamines et sels minéraux
Barre chocolatée						
Carotte						
Steak						
Hamburger						
Frites						
Yaourt nature						
Soda						
Gruyère						
Truite						
Tomate						

Je lis et j'enquête

2. Lis le texte et **réponds** aux questions.

« En 1998, plus de 30 millions de personnes sont mortes de faim dans le monde et, pendant la même période, près de 830 millions ont souffert de malnutrition, [...] principalement en Asie et en Afrique. La Terre accueille aujourd'hui plus de 6 milliards d'êtres humains. La faim résulterait-elle de la surpopulation ? Non [...]. Dans l'état actuel des capacités de production agricole, le monde pourrait sans problème nourrir 12 milliards de personnes. L'explication est plutôt à rechercher dans la distribution des biens disponibles. Les sécheresses, ouragans et autres catastrophes naturelles, anéantissant cultures et infrastructures, plongent parfois des régions dans le dénuement extrême. Autre facteur, la guerre, qui touche l'Afrique plus que toutes les autres régions du monde. »

Dominique MATAILLET, *Jeune Afrique*, n° 2028, 23-29 novembre 1999.

a) Combien d'hommes vivent sur Terre ?

....

b) Recherche dans le texte les événements qui créent la famine ou la malnutrition.

....

....

c) D'après toi, pour quelles raisons les guerres entraînent-elles la malnutrition ?

....

....

3. Recherche les mots suivants dans un dictionnaire et **donne** leur définition.

a) Malnutrition : ....

....

b) Surpopulation : ....

....

15 Comment le corps vieillit ?

Manuel pp. 108-109

Je trace une courbe d'après des données

1. À l'aide des nombres donnés, **trace** la courbe de taille en cm d'un enfant de 0 à 12 ans.

	Naissance	3 mois	6 mois	1 an	2 ans	3 ans	4 ans	5 ans	6 ans	8 ans	10 ans	12 ans
Taille en cm	50	59	66,5	74,5	85,5	94	101,5	107,5	113,5	125	135,5	147

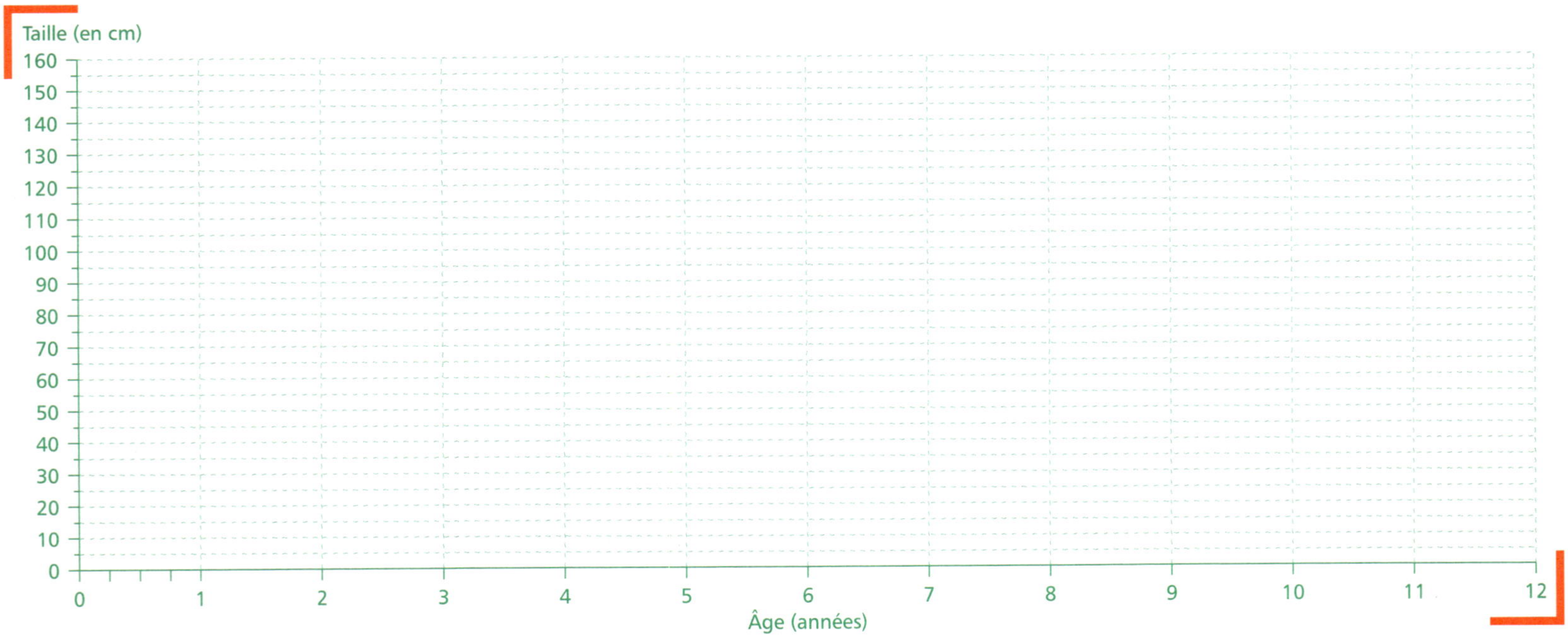

2. À l'aide des nombres donnés, **trace** la courbe de poids en kg d'un enfant de 0 à 12 ans.

	Naissance	3 mois	6 mois	1 an	2 ans	3 ans	4 ans	5 ans	6 ans	8 ans	10 ans	12 ans
Poids en kg	3,5	6	7,5	9,5	12,5	14	16	18	20	25	30,5	37,5

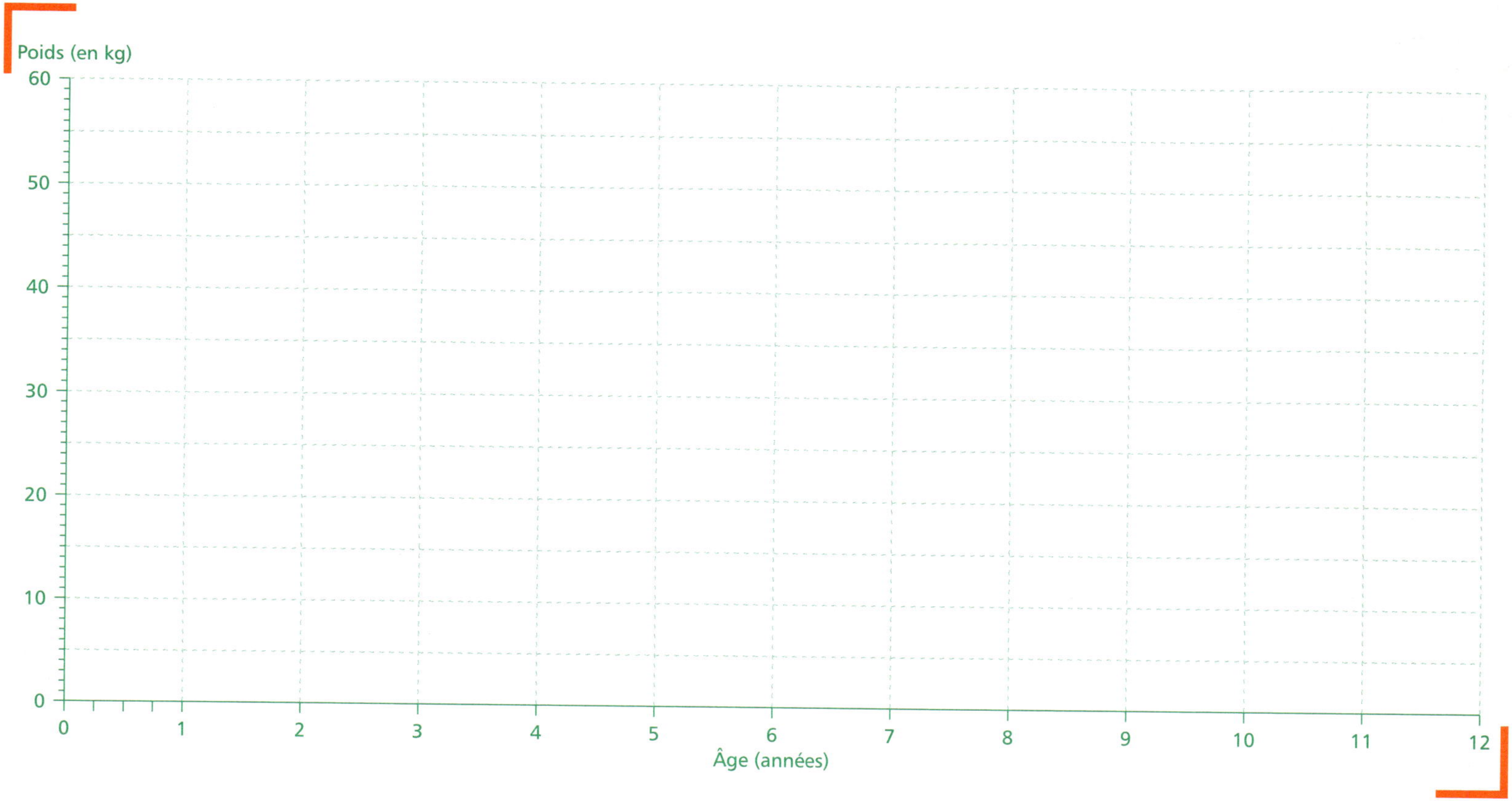

16 Que faire en cas d'accident ?

Manuel pp. 110-111

J'enquête

1. Recherche dans la presse régionale ou sur Internet des faits divers qui ont nécessité l'intervention des pompiers ou du SAMU.

2. Découpe et **colle** ci-dessous un des articles que tu auras trouvé.

3. Quelle(s) mesure(s) de prévention aurai(en)t permis d'éviter l'accident décrit par l'article ?

J'écris une notice

4. Un incendie domestique se produit en France toutes les deux minutes.
Écris une notice de conseils pour prévenir les incendies domestiques.

Comment éviter les risques d'incendie ?

1. Brancher un seul appareil par prise électrique.
2. ....
3. ....
4. ....
5. ....

Je me renseigne

5. Renseigne-toi et **enquête** pour répondre aux questions suivantes.

a) Où se trouvent les extincteurs dans ton école ?

....

b) Où se trouvent les extincteurs dans ton immeuble ou dans ta maison ?

....

ZOOM SUR...

Les gestes qui sauvent

Je relie

1. Relie chaque situation d'accident au « geste qui sauve ».

- Une brûlure à l'huile bouillante
- Ingestion d'un produit chimique
- Une jambe ou un bras cassé(e)
- Une grosse bosse sur la tête
- Une morsure de chien
- Une personne qui a pris feu
- Une personne qui se noie
- Une chute de grande hauteur

- Ne pas bouger le membre blessé.
- Sortir la victime de l'eau et basculer sa tête en arrière pour dégager ses voies respiratoires.
- Ne pas donner à boire ni essayer de faire vomir. Retrouver le flacon pour connaître le produit.
- Laver la morsure avec du savon.
- Faire couler sur la plaie de l'eau à température ambiante pendant 5 minutes.
- Appliquer une poche de glace à l'endroit du coup.
- Ne pas déplacer la personne blessée.
- Enrouler la victime dans une couverture.

2. Souligne les situations qui nécessitent d'appeler les secours (15, 18).

Je choisis la bonne réponse

3. Évalue tes connaissances sur les gestes qui sauvent et les consignes de sécurité.

a) Dans chaque situation, **barre** le geste qu'il ne faut surtout pas faire.

b) Explique ton choix.

Si la friteuse prend feu, il faut :
– jeter de l'eau sur la friteuse.
– recouvrir le feu d'une couverture.

....

....

Si tu sens une odeur de gaz, il faut :
– aérer la pièce.
– allumer la lumière.

....

....

Un incendie se déclare à l'étage au-dessus de chez toi :
– tu quittes ton étage en prenant l'ascenseur.
– tu quittes ton étage par l'escalier.

....

....

c) Lance un débat dans la classe pour vérifier chacune de tes réponses.

17 Vertical ou horizontal ?

Manuel
pp. 114-115

J'observe

1. **Observe** ces quatre dessins. Dans quel(s) cas la position de l'eau est-elle juste ? **Entoure** la (les) bonne(s) réponse(s).

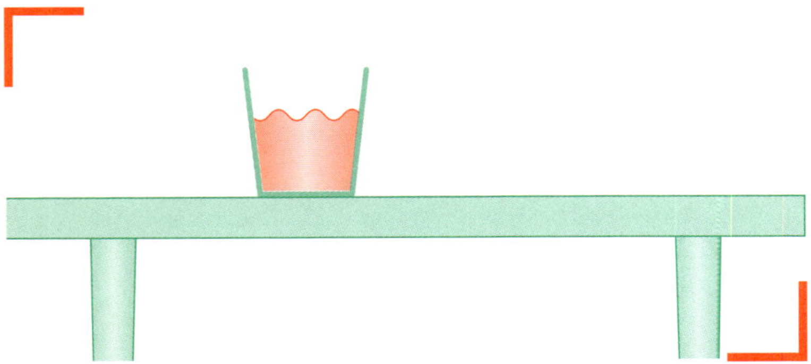

2. **Explique** ton (tes) choix.

....

....

J'expérimente

3. Verse de l'eau dans différents récipients. **Oriente** les récipients comme sur les dessins.

a) **Dessine** la surface de l'eau dans chaque cas.

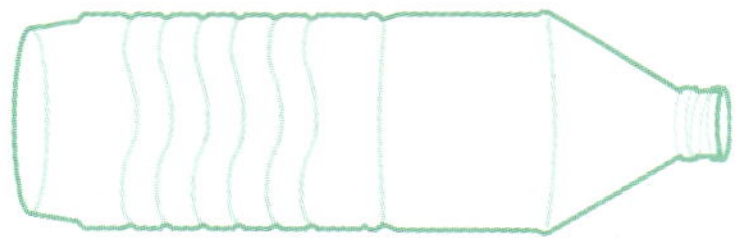

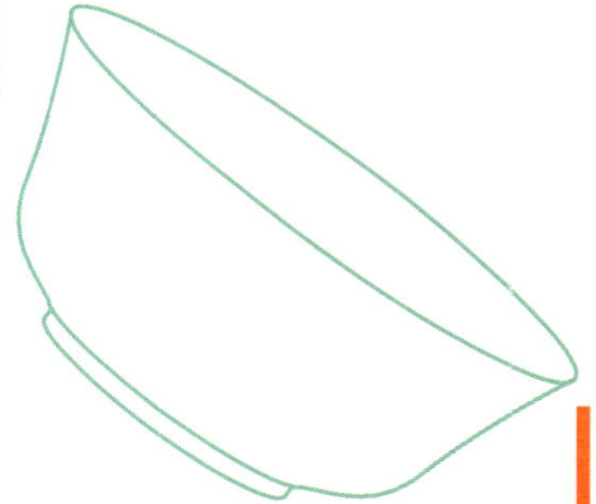

b) Que remarques-tu ?

....

....

Titre : ....

Je réalise

4. Fabrique un fil à plomb avec une ficelle fine et un objet un peu lourd (un écrou, par exemple).

a) **Utilise** ton fil à plomb pour vérifier que les murs de la classe sont bien verticaux.

b) **Dessine** ton expérience.

ZOOM SUR...

Les plus légers que l'air

Je recherche

1. Quelle distance a parcourue le premier dirigeable ? **Aide**-toi de ton manuel pages 120-121.

2. Pourquoi dit-on qu'une montgolfière est « plus légère que l'air » ?

3. Qu'est-ce qu'un ballon captif ? **Observe** le Doc. 4 page 121 de ton manuel.

4. **Fais** une recherche documentaire pour trouver le nom des gaz qui permettent aux « plus légers que l'air » de s'élever.

Je réalise une maquette

5. Suis les instructions pour fabriquer une maquette de montgolfière.

Matériel :
- du papier journal ;
- une boîte (d'allumettes ou de camembert…) ;
- des feutres ;
- un tube de colle ;
- une paire de ciseaux ;
- des morceaux de papier de couleur ;
- du plastique blanc ou du papier aluminium ;
- 4 punaises ;
- du fil.

a) Avec du papier journal, **fais** une boule de papier d'environ 20 cm de diamètre.

b) Recouvre la boule de papier aluminium ou de plastique blanc et **décore**-la. Tu peux **coller** des morceaux de papier de couleur, **dessiner** avec des feutres… Tu peux t'**inspirer** de la gravure de ton manuel page 120 (Doc. 1).

c) Perce 4 petits trous dans la boîte. **Plante** 4 punaises dans la boule. **Fais passer** des fils dans les trous et autour des punaises pour accrocher la nacelle à la montgolfière.

Titre : ....

18 Bon ou mauvais conducteur ?

Manuel
pp. 122-123

J'expérimente

1. Dans un circuit électrique avec une pile, **insère** tour à tour des objets pour savoir s'ils sont conducteurs ou isolants. **Assure**-toi que tous les contacts sont bons.

2. Dessine ton dispositif expérimental.

Titre : ....

J'écris le compte rendu d'expérience

3. Écris le compte rendu de ton expérience.

Je conclus

4. Note les résultats de ton expérience dans le tableau ci-dessous.

Objet	Conducteur	Isolant
Règle en plastique	Non	Oui
....	....	....
....	....	....
....	....	....
....	....	....

a) Quels matériaux sont conducteurs du courant électrique ?

....

....

....

b) Quels matériaux sont isolants ?

....

....

....

c) Écris ta conclusion.

....

....

....

19 Circuit en série ou circuit en dérivation ?

Manuel pp. 126-127

J'observe

1. Observe les schémas suivants.

a) Dis s'ils représentent des circuits en série et/ou des circuits en dérivation.

b) Justifie tes réponses.

A

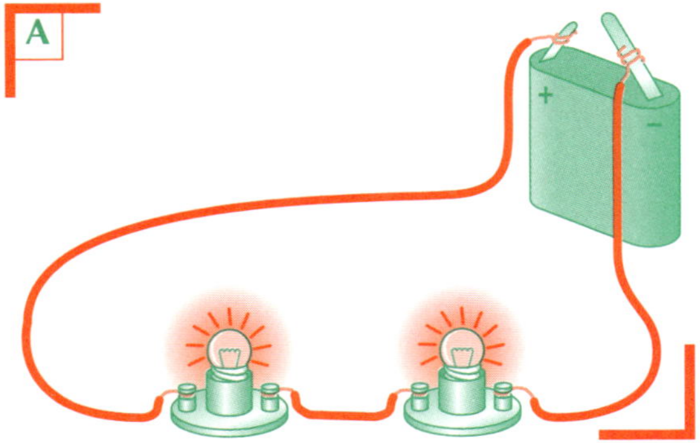

A. ....

....

....

B

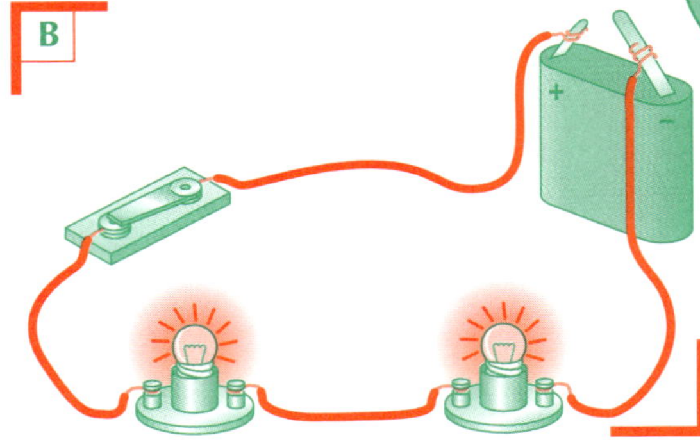

B. ....

....

....

C

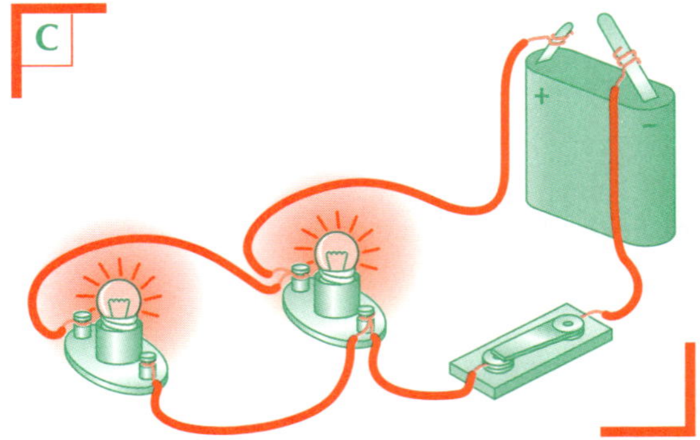

C. ....

....

....

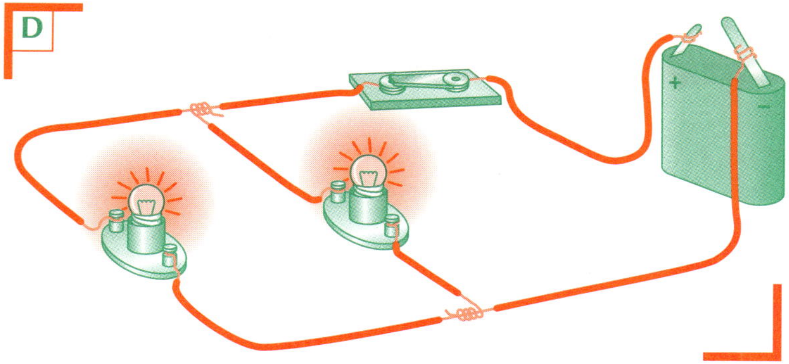

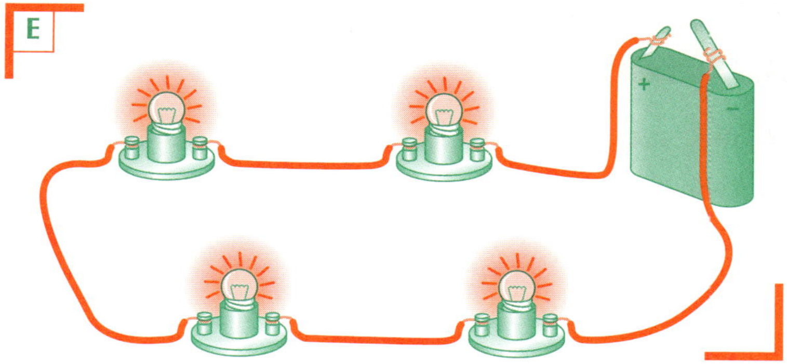

D. ....

....

....

E. ....

....

....

F. ....

....

Les dangers de l'électricité

J'observe des gestes qu'il ne faut jamais faire

1. **Relie** chaque dessin à la légende qui lui correspond. Tu identifieras mieux les dangers de l'électricité.

Brancher plusieurs prises sur une rallonge électrique. •

Poser des papiers sur une lampe. •

Poser le poste de radio branché près de la baignoire. •

Mettre une épingle à cheveux dans une prise électrique. •

Repasser avec un fer qui a des fils dénudés. •

• 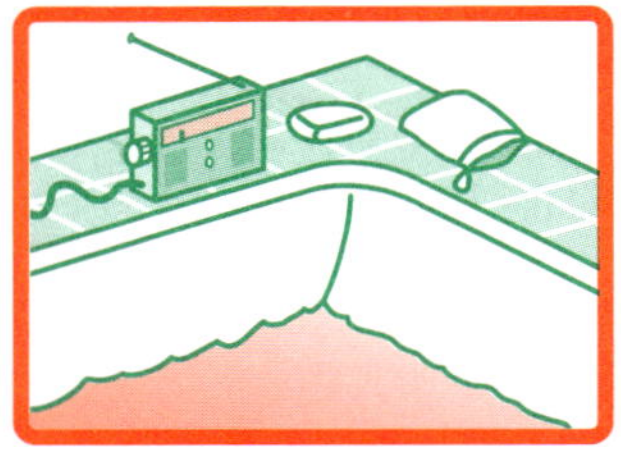

• 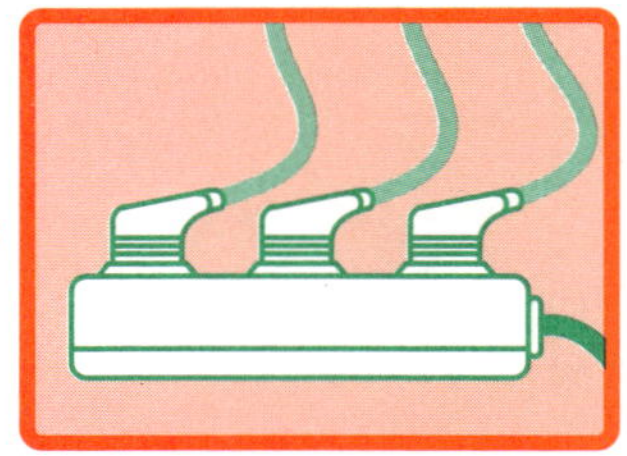

• 

• 

• 

J'explique les gestes à faire

2. Explique la prévention à mettre en place pour éviter qu'un accident ne se produise.

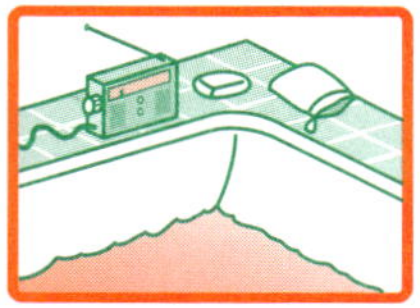

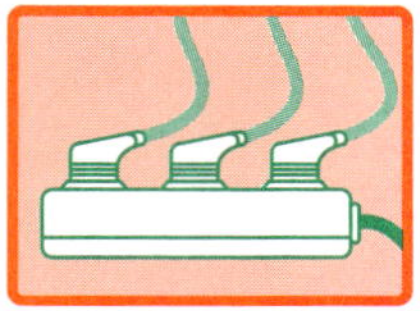

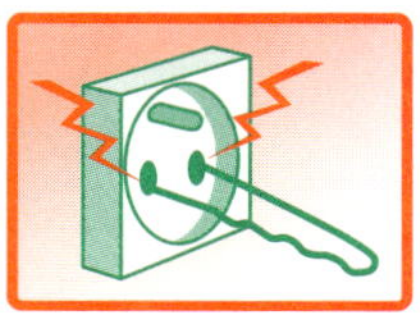

J'observe un schéma

3. Comment couper l'alimentation électrique ?
Observe cet exemple de schéma d'un compteur électrique.

Un compteur électrique

Le compteur

Le compteur enregistre la consommation d'électricité.

Le disjoncteur

Le disjoncteur coupe le courant. Lorsque la consommation est trop forte par rapport à la puissance accordée au compteur, le disjoncteur coupe la distribution du courant électrique de tout l'appartement ou de la maison.

La boîte à fusibles

La boîte à fusibles permet de contrôler la distribution du courant pièce par pièce et de l'arrêter si besoin.

J'enquête

4. Demande à tes parents où se trouve le compteur électrique chez toi.
Reconnais la boîte à fusibles.

a) Au-dessus de chaque fusible, **colle** une étiquette pour dire quelle pièce est alimentée par ce fusible.

b) Note les différentes pièces alimentées.

Fusible n° 1 : ....

Fusible n° 2 : ....

Fusible n° 3 : ....

Fusible n° 4 : ....

c) Dessine ton compteur électrique.

Titre : ....

20 Comment soulever un objet lourd ?

Manuel pp. 134-135

J'expérimente

1. **Réalise** ces trois situations. **Utilise** une règle plate, un bâton de colle et un bloc de pâte à modeler.

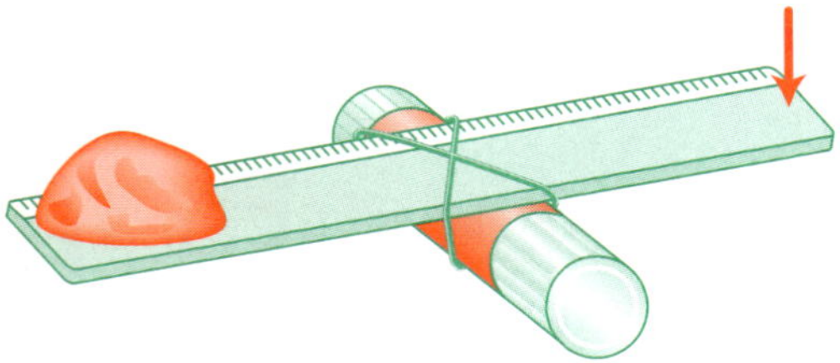

☐

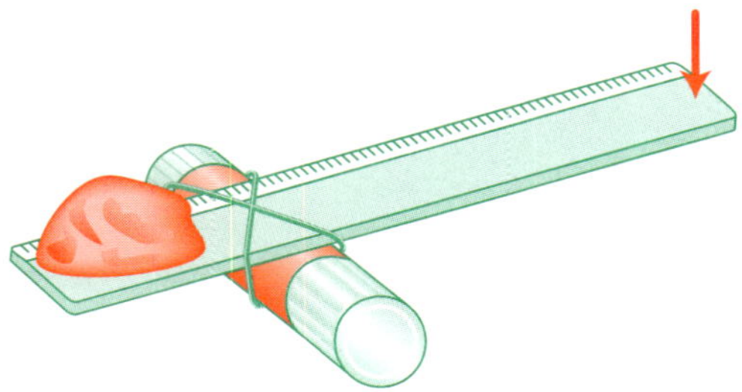

☐

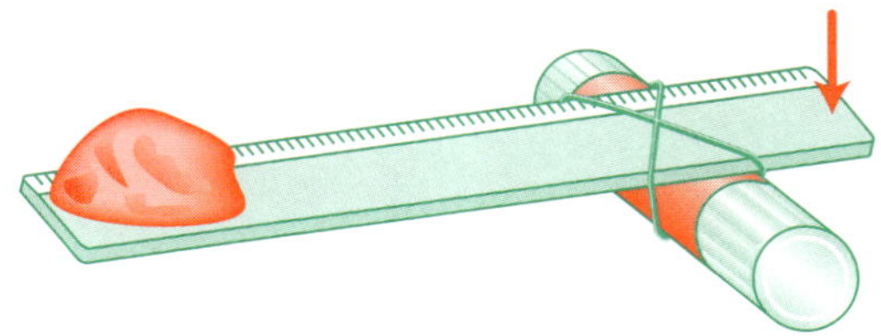

☐

2. **Coche** le dessin dans lequel il sera plus facile de soulever le bloc.

3. **Décris** ce qui se passe dans chaque cas.

....

....

....

J'observe des dessins

4. Ces dessins représentent Théo qui essaie de soulever un paquet. **Observe** le dispositif dans les deux cas.

a) Dans quelle situation Théo aura-t-il le moins de difficultés à soulever le paquet ?

....

b) D'après toi, pourquoi ?

....

....

21 Comment utiliser une balance ?

Je construis une balance

1. Observe le schéma et **construis** une balance en suivant les instructions.

Matériel :
- une bouteille en plastique remplie à moitié de sable ;
- deux fonds de boîtes vides (type boîte de camembert) ;
- une baguette de bois de 50 cm de long ;
- deux crochets à vis ;
- de la ficelle ;
- un clou de 4 cm.

a) Fais deux encoches dans le goulot de la bouteille pour pouvoir y placer la baguette de bois.

b) Plante le clou au milieu de la baguette de bois.

c) Visse les crochets à chaque extrémité de la baguette de bois.

d) Fabrique les plateaux de ta balance. **Perce** des trous dans les plateaux pour accrocher la ficelle.

e) Accroche les deux plateaux aux crochets à vis.

f) Installe la baguette de bois dans les encoches.

g) Teste ta balance.

Une balance à bras égaux

Je fabrique une balance

2. Avec le matériel proposé, **construis** une balance à ressort.
Matériel :
- le fond d'une bouteille en plastique ;
- une potence (tige en bois sur laquelle on a planté un gros clou) ;
- un élastique ou un ressort ;
- de la ficelle.

a) Dessine ton dispositif.

b) Écris ton compte rendu d'expérience.

....

....

....

....

....

....

....

....

....

....

....

....

Titre : ....

ZOOM SUR…

Histoire de la pesée et des balances

Manuel pp. 138-139

Je recherche

1. Recherche quelle masse maximum peut supporter une balance de cuisine.
Comment vas-tu faire ?

a) Décris de quelle manière tu vas t'y prendre.

b) Quelle est la masse maximum que peut supporter la balance de cuisine que tu as testée ?

c) Compare avec les résultats de tes camarades de classe. Que remarques-tu ?

Je rédige un texte

2. Rédige un texte sur Gilles de Roberval. Tu peux trouver des renseignements dans un dictionnaire, une encyclopédie ou sur Internet.

J'enquête

3. À chaque pesée sa balance ! **Enquête** pour trouver la masse maximale et la masse minimale que peuvent peser les balances ci-dessous, ainsi que leur graduation (le plus petit écart entre deux pesées).

a) Complète le tableau avec tes résultats.

Type de balance	Masse minimum	Masse maximum	Graduation
Pèse-lettre	....	....	....
Pèse-personne	....	....	....
Balance de cuisine	....	....	....
Balance du commerce (à légumes)	....	....	....
Balance à colis (Poste ou gare)	....	....	....
Pèse-bébé	....	....	....
Autre	....	....	....

b) Où as-tu trouvé chaque type de balance ?

– Pèse-lettre : ....

– Pèse-personne : ....

– Balance de cuisine : ....

– Balance du commerce (à légumes) : ....

– Balance à colis : ....

– Pèse-bébé : ....

22 D'où vient l'énergie ?

Je construis

1. À l'aide de la notice de fabrication et du schéma, **construis** un moulin à vent.

Matériel :
- une feuille de rhodoïd ou de papier rigide de couleur ;
- une règle ;
- un crayon ;
- une paire de ciseaux ;
- une punaise ;
- une baguette en bois (type baguette chinoise).

a) Découpe un carré ABCD dans la feuille de couleur.

b) Trace les deux diagonales [AC] et [BD] du carré et **marque** le point d'intersection O des diagonales.

c) Marque un repère à la moitié de chaque segment [OA], [OB], [OC] et [OD].

d) Découpe la feuille en partant de chaque point A, B, C et D jusqu'à chaque repère.

e) Replie vers le centre O les pointes A, B, C et D.

f) Pique la punaise au travers des 4 pointes et du centre du moulin.

g) Fixe la punaise dans la baguette de bois.

Tu peux fabriquer des moulins de toutes les couleurs et de toutes les tailles.

Un moulin à vent

2. **Dessine** ton moulin à vent.

Titre : ....

ZOOM SUR…

Les sources d'énergie

Je recherche

1. Retrouve dans la grille de mots mêlés 7 sources d'énergie. Les mots sont écrits dans tous les sens : verticalement, horizontalement ou en diagonale. Une lettre peut être utilisée dans plusieurs mots.

P	E	R	C	E	U	S	E	S
O	E	F	H	J	V	O	U	A
L	L	T	A	K	E	X	R	U
E	I	U	R	A	N	I	U	M
S	E	T	B	O	T	E	N	U
G	L	R	O	B	L	I	A	R
A	O	R	N	V	T	E	U	E
Z	S	E	G	A	V	E	L	E

2. Recopie chaque mot de la grille, puis **précise** s'il s'agit d'une source d'énergie renouvelable ou d'une source d'énergie non renouvelable.

.... est une source d'énergie ....

.... est une source d'énergie ....

.... est une source d'énergie ....

.... est une source d'énergie ....

.... est une source d'énergie ....

.... est une source d'énergie ....

.... est une source d'énergie ....

Je fais une recherche documentaire

3. Une éolienne utilise le vent pour produire de l'énergie. Elle tire son nom d'un personnage de la mythologie grecque. **Fais** une recherche documentaire pour comprendre pourquoi.

a) Qui était Éole dans la mythologie grecque ?

....

b) Qu'a-t-il donné en cadeau à Ulysse ?

....

c) Qu'est-il arrivé ?

....

....

Une éolienne

J'écris un texte

4. Raconte cette légende.

....

....

....

....

....

....

....

Responsable éditoriale : Stéphanie-Paule SAÏSSE

Assistante d'édition : Delphine DEVEAUX

Maquette intérieure : Valérie GOUSSOT

Mise en page et exécution de la couverture : MÉDIAMAX

Illustrations : Gilles POING

Dessins des mascottes : Alain BOYER

Maquette de couverture : Laurent CARRÉ

Illustration de la couverture : Alain BOYER

Imprimé en France par I.M.E. - 25110 Baume-les-Dames
Dépôt légal : 57593-05/2005
Collection n° 88 - Édition 01-11/6417/7